¡Hola, cerdos!

MARAVILLAS ANIMALES 51

LOS CERDOS

QUINN M. ARNOLD

CREATIVE EDUCATION | CREATIVE PAPERBACKS

¡HUELE A LIBERTAD!

tabla de contenido

Publicado por Creative Education y Creative Paperbacks
P.O. Box 227, Mankato, Minnesota 56002
Creative Education y Creative Paperbacks
son sellos editoriales de The Creative Company
www.thecreativecompany.us

Diseño de Wyeth Morgan
Dirección artística de Blue Design (www.bluedes.com)

Imágenes de Alamy Stock Photo/1Apix, 14–15, nagelestock.com, portada (derecha), 17; Dreamstime/Isselee, 24, Sasilsolutions, 2, Thedreamstock, 18–19, Volodymyr Byrdyak, 8–9; Getty Images/Digital Zoo, 10–11, GK Hart/Vikki Hart, 20–21, Matt Carr, 4, Monty Rakusen, 6–7; iStock/AscentXmedia, 16; Pexels/Magda Ehlers, 13; Shutterstock/Catherine Eckert, 1, Tsekhmister, 3; Unsplash/Christopher Carson, 23, Matthieu Pétiard, portada (centro); Wikimedia Commons/dominio público, portada (izquierda)

Se ha hecho todo lo posible por contactar con los titulares de los derechos de autor del material reproducido en este libro. Cualquier omisión será rectificada en impresiones posteriores si se notifica al editor.

Library of Congress Cataloging-in-Publication Data
Names: Arnold, Quinn M. author
Title: Los cerdos / Quinn M. Arnold.
Other titles: Pigs. Spanish
Description: Mankato, Minnesota : Creative Education/Creative Paperbacks, [2026] | Series: Maravillas | Includes translation or is translation | Includes index. | Audience term: juvenile | Audience: Ages 4–7 Creative Education and Creative Paperbacks | Audience: Grades K–1 Creative Education and Creative Paperbacks | Summary: "An introduction to pigs, this beginning reader features eye-catching photographs, humorous captions, and basic life science facts about these mud-loving mammals. This Spanish text includes a labeled image guide, glossary, and index"– Provided by publisher.
Identifiers: LCCN 2024053404 (print) | LCCN 2024053405 (ebook) | ISBN 9798889898696 library binding | ISBN 9781682779095 paperback | ISBN 9798889899488 ebook
Subjects: LCSH: Swine–Juvenile literature
Classification: LCC SF395.5 .A7618 2026 (print) | LCC SF395.5 (ebook) | DDC 636.4–dc23/eng/20250205

Impreso en la India

Los cerdos de patas cortas viven en granjas. Muchos permanecen en corrales. Otros caminan por los campos.

OJALÁ TUVIERA MANOS PARA CAVAR...

Todos los cerdos tienen orejas grandes y ojos pequeños. También tiene colas rizadas. Los **hocicos** planos les ayudan a cavar en busca de comida.

Los cerdos son buenos nadadores. Les gusta estar limpios, pero se revuelcan en el barro también.

LOS CERDOS NO SE MANTIENEN LIMPIOS POR MUCHO TIEMPO.

¡Un cerdo come casi cualquier cosa! Come maíz, granos o desechos. Algunos cerdos desentierran plantas y gusanos para comer.

¡ESTO ES MUCHO MEJOR QUE LOS GUSANOS!

Una **cerda** hace un nido para sus lechones. Los cerditos beben leche y duermen en el heno.

Los cerdos inteligentes intentan salir de su corral. Sacuden la cabeza y corren por los campos. Gruñen y chillan. Olfatean en busca de comida.

¡Adiós, cerdos!

[Imagina un cerdo]

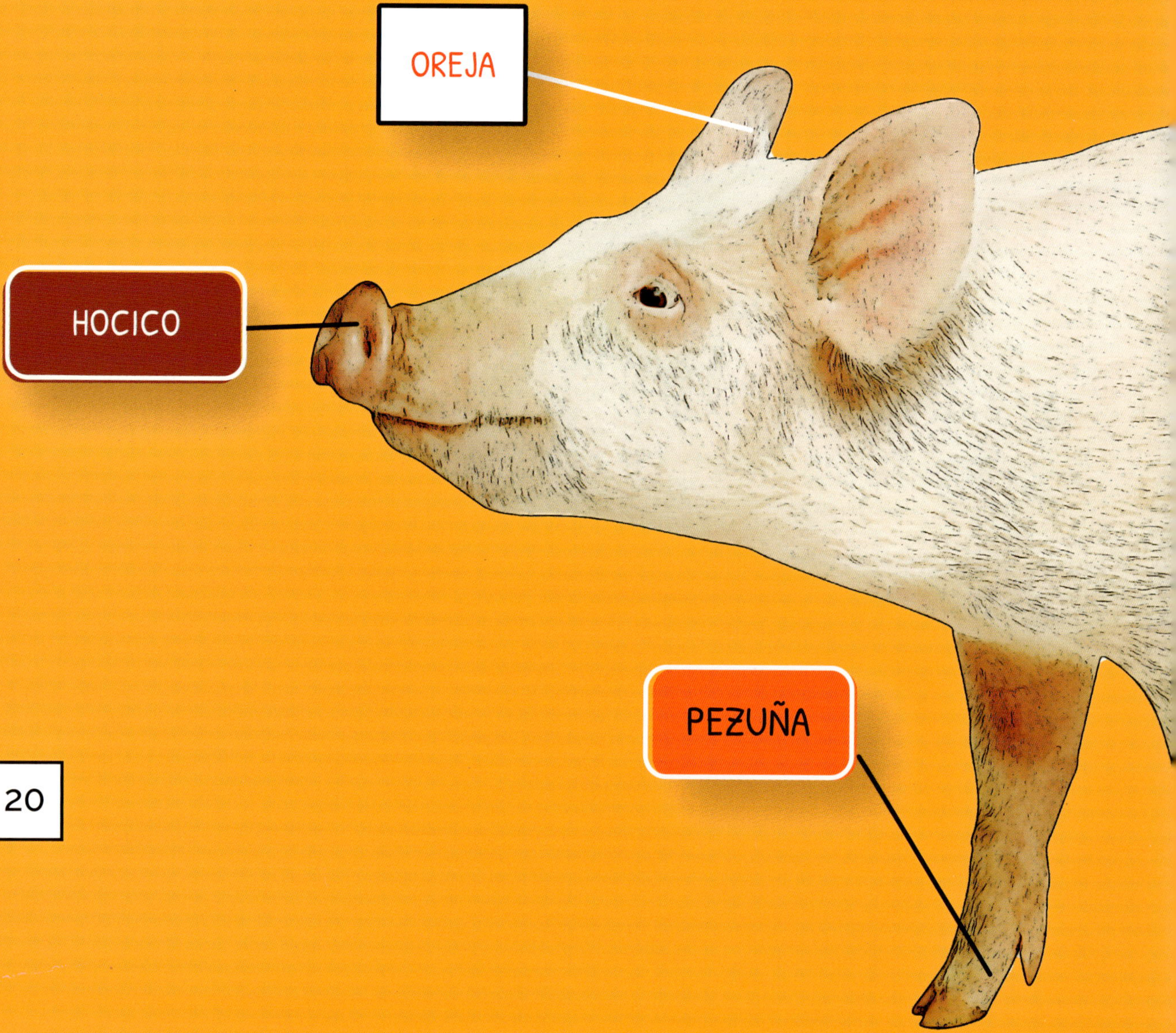

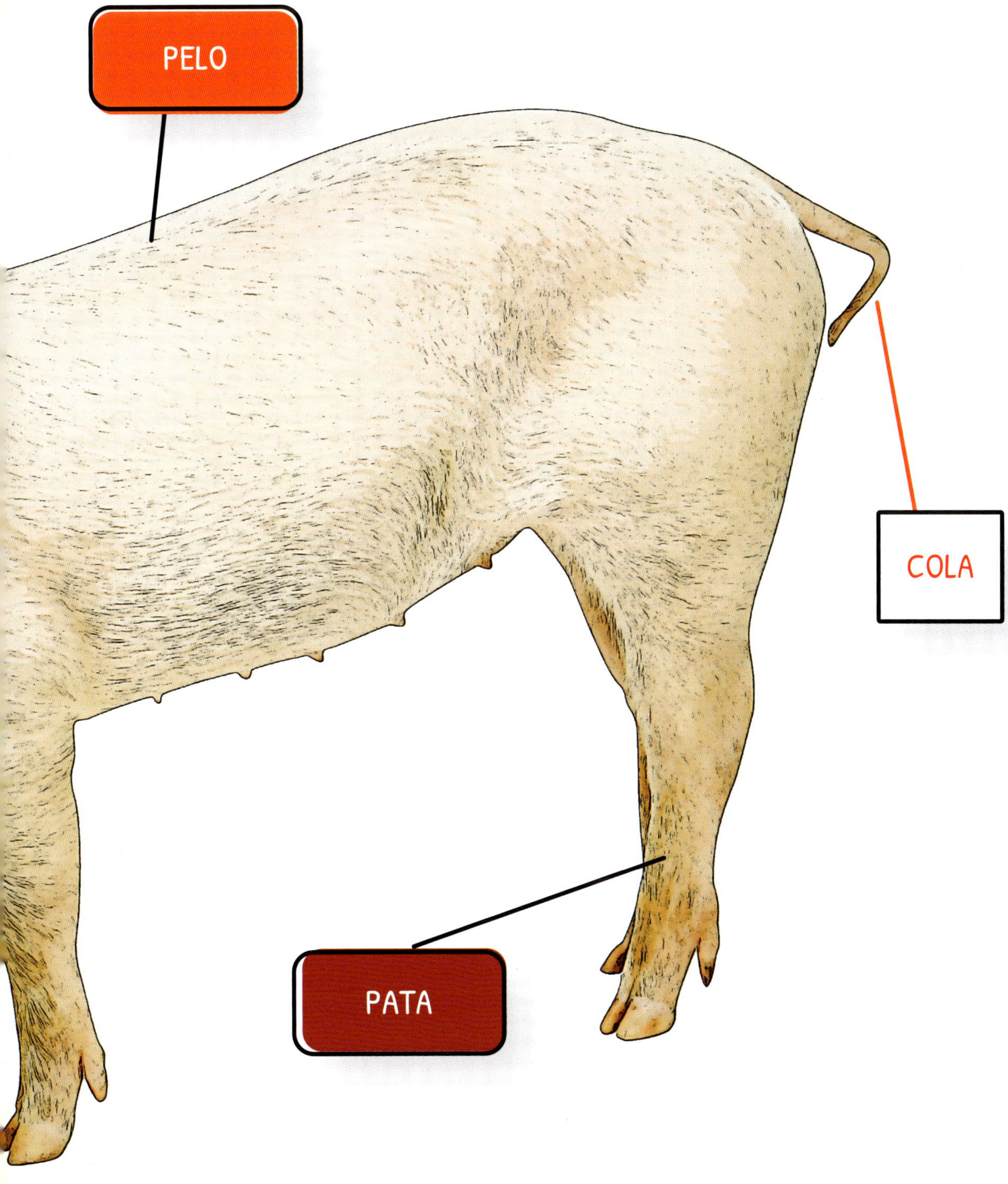
PELO
COLA
PATA

PALABRAS QUE DEBES CONOCER

cerda: una madre porcina

desechos: frutas o verduras dañadas, o restos de comida

hocico: la nariz y la boca de un animal que sobresale de su cara

revolcarse: rodar por la tierra, el barro o el agua para mantener la frescura y evitar las picaduras de los bichos

ÍNDICE ALFABÉTICO